はじめに

　点字は、目が見えない人たちがつかう文字です。多くのみなさんにとっては、つかう必要のない文字かもしれませんね。けれど、わたしたちの身のまわりには、意外なほど多くの点字を見つけることができます。駅やスーパーや郵便局……、家の中でも見つけることができるだろうと思います。

　点字は6つの点の組み合わせでできている文字です。暗号みたいでむずかしいですか？　でも、その規則をこの本で知ったら、意外にかんたんだと感じてもらえると思います。身のまわりにある点字をスラスラ読めるようになるかもしれませんよ。

　点字は今から200年ほど前に、フランスのルイ・ブライユという全盲の少年が16歳のときに完成させました。今では世界中でつかわれているなんて、すごいですね。6つの点だけで、日本語も英語もほかの言語も書けるのです。

　点字ができるまで、目の見えない人たちは文字の読み書きにとても苦労していました。点字の発明によって、見えない人たちの教育が進み、仕事の助けになり、日々の生活が豊かになったのです。この本で点字を学ぶことをきっかけに、見えない人たちのことをいろいろ知っていただきたいと思います。

社会福祉法人 日本点字図書館　和田　勉

登場人物の紹介

スズキ先生

目が見えない人、見えにくい人が学ぶ、特別支援学校（盲学校）で、先生をしています。点字について、できるだけわかりやすく説明しますね。

アカリ

特別支援学校（盲学校）小学部4年生。生まれつき目が見えません。先生から点字を学んだので、点字の本を読むのが大好きになったの。

ハルト

小学校5年生で、アカリちゃんの家のとなりに住んでいるんだ。アカリちゃんとは学校はちがうけど、仲よしだよ。先生とも知りあいなんだ。

もっと知ろう！点字 もくじ

はじめに ……………………………………………………………………………… 2

点字って、どんなもの？ ……………………………………………………… 4
点字は、6つの点の組み合わせ 4／点の大きさは、どのくらい？ 5

点字のしくみ ……………………………………………………………………… 6
母音と子音って、なに？ 6／母音のあらわし方、子音の行のあらわし方／「か・き・く・け・こ」のあらわし方 7／「ヤ行」と「ワ行」は例外／「ん」のあらわし方 8／濁音などのあらわし方 9／のばす音のあらわし方／つまる音のあらわし方 10／数字のあらわし方 11／アルファベットのあらわし方 12／句読点などのあらわし方 13

点字のきまり ……………………………………………………………………… 14
発音どおりに書く 14／わかち書きにする／長いことばは、マスあけする／「勉強する」は、マスあけする 15／点字を読んでみよう 16

点字の誕生とあゆみ …………………………………………………………… 18
不便だった凸文字 18／バルビエが暗号用点字を考案／ブライユが6点の点字を考案 19／日本にもブライユの点字が登場／日本語の点字をつくった石川倉次 20／今につづく、ブライユ式の点字 21

くらしに役だつ点字 …………………………………………………………… 22
点字で学ぶ／ミニコラム 拡大教科書 22／点字を書く（打つ）用具 24／点字で楽しむいろいろな本 28／ミニコラム 目の見えにくい人の読書のために 31

コラム 点字図書ができるまで 32

身のまわりにある点字 ………………………………………………………… 34
家の中の点字 34／まちの中の点字 36

コラム 点字図書館 38

さくいん ……………………………………………………………………………… 40

点字シート ………………………………………………………………………… 巻末

点字って、どんなもの？

点字とは、目が見えない人、見えにくい人が、読んだり書いたりするときにつかう文字のことをいいます。目ではなく、指で読む文字です。点字って、どんなものなのか、これから見ていきましょう。

点字は、6つの点の組み合わせ

点字には、もりあがった点（凸点）がつかわれます。ひとつの点字の単位を1マスといい、1マスの点の数は6つまでで、点の位置は決まっています。

6つの点は、①、②、③、④、⑤、⑥と、それぞれの位置をあらわす番号でよび、区別しています。

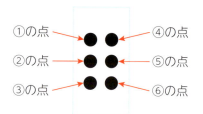

①から⑥の点の位置とよび方

点字は、6つの番号のどの点がもりあがっているかの組み合わせで、ことばや数字などをあらわしているのよ。

※点字に対して、目の見える人が、読んだり書いたりする文字のことを、墨字といいます。

点の大きさは、どのくらい？

　指先でさわったとき、6つの点が指先からはみだすほど大きいと、点の数や位置のちがいを、すばやく読みとることができません。

　そこで、6つの点が全部指先にはいるように、点の大きさ、点と点のあいだのあきなどは、ほぼ決められています。

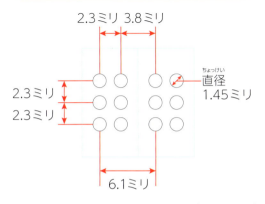

※つかいみちによっては、このサイズと多少ちがうこともあります。

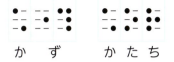

※この本では、わかりやすいように、1マスずつ線でかこみ、点の部分は●で示しています。また、ふつうは空白になっている部分を、－で示しています。

点字のしくみ

　点字の基本は、かなの文字（ひらがなやかたかな）です。これらは、母音と子音の組み合わせであらわします。

母音と子音って、なに？

　点字でかなの文字をあらわすときに必要な、母音と子音とは、なんでしょうか。
　ローマ字では、ひらがなの五十音をどのようにあらわすか、思いだしてみましょう。
　ア行の音は、「a i u e o」とあらわし、あ段の音は「ka sa ta na ha ma ya ra wa」とあらわしましたね。このときの「a、i、u、e、o」を母音、「k、s、t、n、h、m、y、r、w」を子音といいます。
　点字も、これによくにたしくみで、書きあらわします。

ローマ字の五十音（母音と子音）

	あ段	い段	う段	え段	お段
ア行	a	i	u	e	o
カ行	ka	ki	ku	ke	ko
サ行	sa	si	su	se	so
タ行	ta	ti	tu	te	to

なるほど！

ローマ字とのちがいは、つぎのページにあるように、1マスに母音と子音の点が組み合わされていることです。

母音のあらわし方、子音の行のあらわし方

点字では、①〜⑥の点のうち、❶❷❹の点は母音をあらわす点、❸❺❻の点は子音をあらわす点と、大きくふたつにわけられています。

母音の「あ・い・う・え・お」は、❶❷❹の点をつかって、下のようにあらわします。

子音は、それぞれの行を示す点であらわします。❸❺❻の点をつかって、右のようにつかいわけています。

「か・き・く・け・こ」のあらわし方

「か・き・く・け・こ」は、母音の「あ・い・う・え・お」に、「カ行」を示す❻の点をそれぞれたして、あらわします。

のようにあらわせばいいんだ。

か き く け こ

「あ・い・う・え・お」の点に、❻の点をたす。

「サ行」「タ行」「ナ行」「ハ行」「マ行」「ラ行」も、「カ行」とおなじように「あ・い・う・え・お」の点に、それぞれの行の点をたして、あらわします。

7

「ヤ行」と「ワ行」は例外

「ヤ行」と「ワ行」は、ほかの行とはなりたちがちがいます。注意しましょう。

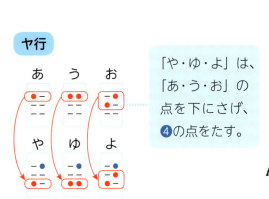

「や・ゆ・よ」は、「あ・う・お」の点を下にさげ、❹の点をたす。

「わ」「を」は、「あ」と「お」の点を下にさげてあらわす。

「カ行」「サ行」などとの大きなちがいは、「あ・う・お」の点を下にさげていることなの。

わたしは、「や」「よ」から❹の点をとると「わ」「を」になると覚えたんだ。

「ん」のあらわし方

「ん」は、はねる音（撥音）といい、❸❺❻の点であらわします。

※点字の五十音表は、この本のうしろにとじこまれた「点字シート」にあります。

濁音などのあらわし方

「が」のような濁音は、2マスつかってあらわします。「が」は、「か」のマスの前に、濁音をあらわす❺の点をつけたマスをおきます。

「ぱ・ぴ・ぷ・ぺ・ぽ」（半濁音）、「きゃ・きゅ・きょ」（拗音）、「ぎゃ・ぎゅ・ぎょ」（拗濁音）、「ぴゃ・ぴゅ・ぴょ」（拗半濁音）も、2マスであらわします。

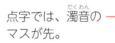
点字では、濁音のマスが先。

墨字では、濁点は、あとから書く。

> 点字は指先で読んでいくから、先に「つぎは濁音ですよ」とわかったほうが、読みやすいんです。

濁音 ❺の点を前につける。

が　ぎ　ぐ　げ　ご

半濁音 ❻の点を前につける。
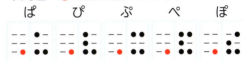
ぱ　ぴ　ぷ　ぺ　ぽ

拗音 ❹の点を前につける。

きゃ　きゅ　きょ

「きゃ・きゅ・きょ」はローマ字で「kya・kyu・kyo」と書き、「ka（か）・ku（く）・ko（こ）」と「y」からなっている。点字では、「か」「く」「こ」の前に、ヤ行でだした❹の点をつけたマスをおき、「つぎは拗音ですよ」とわかるようにしている。

拗濁音 ❹❺の点を前につける。

ぎゃ　ぎゅ　ぎょ

拗半濁音 ❹❻の点を前につける。
ぴゃ　ぴゅ　ぴょ

> 「は・ふ・ほ」の前に、拗音の❹の点と半濁音の❻の点をつけたマスをおくと「ぴゃ・ぴゅ・ぴょ」になるんだ！

のばす音のあらわし方

「ケーキ」「ボール」などの「ー」は、前の音をのばすしるしで、のばす音（長音）といいます。❷❺の点をつかった「長音符」であらわします。

つまる音のあらわし方

「あっち」「こっち」などの小さい「っ」を、つまる音（促音）といいます。❷の点をつかった「促音符」であらわします。

10

数字のあらわし方

6つの点をもとにあらわす点字は、あらわせる文字にかぎりがあります。そこで、数字をあらわすときは、「ここからは数字ですよ」と知らせるために、数字の前に、❸❹❺❻の点をつかった「数符」のマスをつけます。

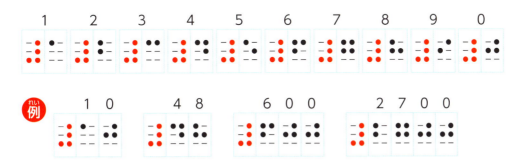

「1〜9・0」をあらわす点字は、ひらがなの「あ・い・う・る・ら・え・れ・り・お・ろ」とおなじです。そのため、数字のつぎに、「ア行」「ラ行」ではじまることばがくるときは、「ここからは数字ではないですよ」と知らせるために、❸❻の点をつかった「つなぎ符」のマスをいれます。

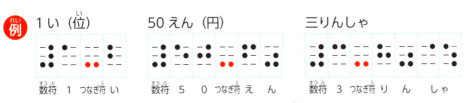

つなぎ符のマスをいれないと、「12」「506ん」「38んしゃ」と読んでしまうね。

アルファベットのあらわし方

アルファベットの「a」をあらわす点字は、五十音の「あ」、数字の「1」とおなじです。そこで、日本語の文や文章中では、「ここからはアルファベットの文字ですよ」と知らせるために、アルファベットの前に、❺❻の点をつかった「外字符」のマスをつけます。

a b c d e f g h i j
k l m n o p q r s t
u v w x y z

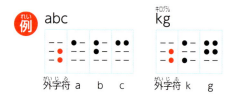

「A」のように、大文字であることをあらわすときは、外字符につづけて「大文字符」のマスをつけます。うしろにつづくアルファベットの文字が全部大文字のときは、大文字符を2こつなげた「二重大文字符」をつけます。

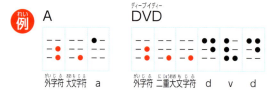

「ABがた」のように、アルファベットにひらがながつくことばは、アルファベットのうしろにつなぎ符をつけます。

つなぎ符って、数字にも、アルファベットにもつかうんですね。

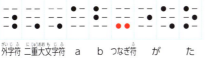

ABがた（型）

外字符　二重大文字符　a　b　つなぎ符　が　た

句読点などのあらわし方

文末に打つ「。」を句点、文のとちゅうに打つ「、」を読点といいます。句読点や、疑問符、感嘆符などは、右のようにあらわします。

句点（。）　読点（、）　中点（・）　疑問符（？）　感嘆符（！）

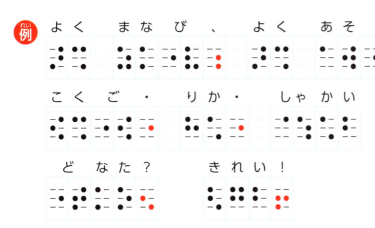

例
よく　まなび、　よく　あそべ。
こくご・りか・しゃかい
どなた？　きれい！

※読点（、）と中点（・）は、前のことばにつづけて書き、そのうしろは1マスあけます。句点（。）は、前のことばにつづけて書き、つぎの文とのあいだは2マスあけます。

このほかに、数学記号、理科記号、楽譜などをあらわす点字もあります。点字をつかって、複雑な学問的内容も書きあらわすことができるのです。

＋　－　＝　×　÷

点字のきまり

　点字でことばや文章をあらわすときには、墨字(すみじ)の書き方にはない、つぎのようなきまりがあります。

発音どおりに書く

◎「ぼくは」「わたしは」の「は」は、「ぼくわ」「わたしわ」と発音するので、「わ」と書く。

～わ

◎「でぐちへ」「やまへ」の「へ」は、「でぐちえ」「やまえ」と発音するので、「え」と書く。

～え

◎「おとうさん」「こうさてん」の「う」は、前の音をのばして「おとーさん」「こーさてん」と発音するので、「ー」と書く。

ー

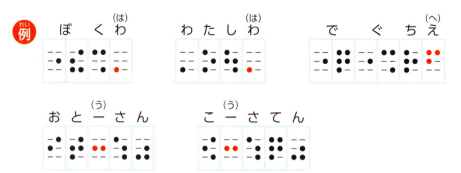

例外　「いすを」「水を」の「を」は、発音にかかわりなく、「を」と書く。

～を

わかち書きにする

このように、「さ」や「ね」をはさみながら声に出してみると、どこをあければいいか、わかりますよ。

点字には、漢字がありません。そのため、意味が読みとりやすいように、意味のまとまりごとに1マスあけて書くというきまりがあります。これを、わかち書きといいます。

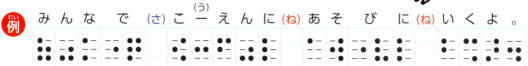

例：みんな で (さ)こ ー えん に (ね)あ そ び に (ね)い く よ 。

長いことばは、マスあけする

「カレーライス」「ハンバーグステーキ」のように長いことばは、意味が読みとりやすいように、とちゅうでマスあけ（1マスあける）して書きます。

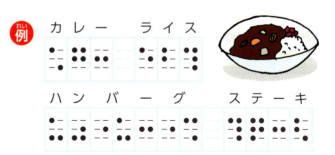

例：カレー ライス／ハンバーグ ステーキ

「勉強する」は、マスあけする

「勉強する」「運動する」「びっくりする」は、墨字(すみじ)の国語ではひとつながりのことばとして学習します。でも、点字では、一字一字読んでいくと、長くて意味が読みとりにくくなるので、「する」の前をマスあけして書きます。

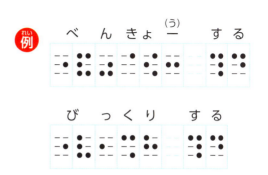

例：べんきょー する／びっくり する

※点字でも漢字をあらわそうという取り組みもあります。

点字を読んでみよう

これまで見てきたことをもとに、点字のことばや文、文章などを読んでみましょう。

この本のうしろに点字の五十音表があるから、参考にしてね。

ことばに挑戦！

①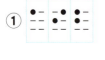

②

③

④

⑤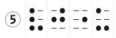

⑥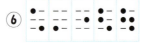

⑦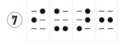

⑧

⑨

⑩

こたえ

① あおい
② かき
③ さいふ
④ たかだい
⑤ ひろば
⑥ かわぎし
⑦ おはよー（おはよう）
⑧ こんにちわ（こんにちは）
⑨ ガタガタ
⑩ ぎゅーにゅー（ぎゅうにゅう）

文や文章に挑戦！

①

②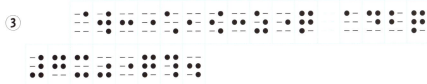

③

④

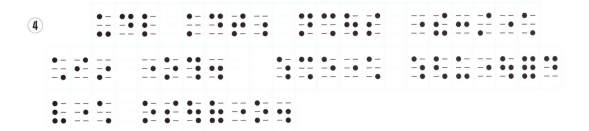

こたえ
① みんなで みかんを 2こずつ たべました。
② つくえの うえの ほんを、とって ください。
③ しょーがっこー（しょうがっこう）まで あるいて 7ふんです。
④ はるに なると、つくしの ぼーや（ぼうや）が かおを だす。
　 さくらが さきはじめる ひが たのしみだ。

※点字の文章では、書きはじめを2マスあけます。

点字の誕生とあゆみ

点字は、1825年に、フランスのパリの盲学校の生徒、ルイ・ブライユが考えだしました。ブライユは、3歳のとき、片方の目にけがをし、それが原因で5歳のときには、両目とも見えなくなっていました。

不便だった凸文字

1784年、フランスのパリに、バランタン・アウイによって、世界ではじめて盲学校（目の見えない人、見えにくい人が、本格的に学べる学校）がつくられました。授業では、紙にアルファベットのかたちが浮きあがるように印刷した、凸文字（浮きだし文字）の本がつかわれていました。この文字は、アウイが手でさわって読みやすいように工夫したものです。

この盲学校に、1819年、10歳で入学したブライユは、凸文字での学習を通じて、つぎの便利さと不便さを感じていました。

便利さ
- 目が見えなくても、指先で凸文字にさわれば、なんと書いてあるかがわかること。

不便さ
- 凸文字が大きくて、指先にはいりきらないので、文字を読みにくいこと。
- 文字のかたちを、ひとつひとつ指先でたどりながら読んでいくため、読むのに時間がかかること。
- 本をつくるのに手間がかかり、紙もかさばるので、たくさんつくれないこと。
- 読むことはできても、自分で書くのは困難だったこと。

日本でつかわれていた凸文字。紙の裏から、文字を浮きぼりにした板を押しつけ、文字を浮きださせている。
筑波大学附属視覚特別支援学校資料室蔵

バルビエが暗号用点字を考案

　フランスの軍人シャルル・バルビエは、戦場の暗いところでも文字を読めるようにしたいと、軍事目的で暗号用の記号を考えだします。

　1821年、バルビエは、ブライユが学ぶパリの盲学校をおとずれます。自分が考えた暗号をもとに、目が見えない人用に改良した点字を紹介しにきたのです。これは、フランス語の音を12の点と線の組み合わせであらわすというものでした。

バルビエが考案した12の点であらわした点字の例。
筑波大学附属視覚特別支援学校資料室蔵

ブライユが6点の点字を考案

　バルビエが紹介した点字は、凸文字にくらべればずっと読みやすく、しかも自分で書くことができました。しかし、点が12もあるため、指先でいっぺんにさわることができず、はやく読めませんでした。また、フランス語のつづりを正確に書くこともできませんでした。

　そこで、ブライユは、点の数を6つにへらすとともに、6つの点を組み合わせることで、アルファベットや数字、記号などをあらわすという、画期的な点字を考えだし、1825年に完成させたのです。このとき、ブライユは16歳でした。

　ブライユの点字は、ブライユの死の2年後の1854年、フランスで正式に採用され、次第に世界に広まっていきました。

点字を考案したルイ・ブライユ。1809年にフランスのクーブレという小さな村で生まれ、1852年、43歳のとき、肺結核で亡くなる。
筑波大学附属視覚特別支援学校資料室蔵

16歳で、つかいやすい点字をつくりあげたなんて、すごい！

日本にもブライユの点字が登場

　日本に盲学校がつくられたのは、明治時代（1868〜1912年）です。しかし、フランスで点字が広くつかわれるようになっても、日本の盲学校では、まだ18ページのような凸文字がつかわれていました。
　1876（明治9）年、アメリカに出張した手島精一（のちに東京教育博物館館長となる）は、ブライユの本を買いもとめ、日本に持ちかえります。その後、手島精一を通じて、東京の盲学校の校長・小西信八は、ブライユの点字のよさを知ります。
　1887（明治20）年、小西信八が盲学校の生徒の小林新吉に、ブライユの点字のきまりをおしえると、1週間ほどで点字を読んだり書いたりできるようになったといわれています。
　このときは、アルファベットの点字をつかって、ローマ字で書きあらわしていたそうです。
　凸文字より点字のほうが、ずっと読みやすいとよろこぶ小林の姿に、小西信八は、日本にブライユの点字をとりいれたいという思いを強くします。

日本に点字をとりいれるために力をつくした小西信八。
筑波大学附属視覚特別支援学校資料室蔵

日本語の点字をつくった石川倉次

　小西信八は、ブライユの点字をもとに、日本語をあらわすのに適した点字をつくりたいと願い、盲学校の教師や生徒に点字の制作をたのみます。その結果、いくつかの案がつくられました。
　これらの案をもとに、何度も選定会が開かれ、つかいやすい点字になるように、研究が重ねられました。
　そして、1890（明治23）年11月1日、教師の石川倉次が中心になって考えた案が採用されたのです。
　これが、ブライユの6つの点を組み合わせるという方法をもとに、日本語をあらわせるようにした、日本点字です。

この時点では、「きゃ・きゅ・きょ」などの拗音をどのようにあらわすかが決まっていませんでした。石川倉次は、その後も研究を重ね、1898（明治31）年に、拗音をあらわす点字を発表しました。
　この拗音点字をふくめた日本語の点字は、1901（明治34）年、国から正式に盲人用文字として認められました。

日本点字の父とよばれている石川倉次。
筑波大学附属視覚特別支援学校資料室蔵

日本では、11月1日を、日本点字制定記念日としているんですよ。

今につづく、ブライユ式の点字

　ブライユ、小西信八、石川倉次をはじめ、多くの人の熱意がみのり、今では、目の見えない人、見えにくい人だけでなく、目の見える人のそばにも、点字を見つけることができます。

　図書館に、28〜29ページで紹介しているような点字つき絵本があったら、手にとってみてください。これらの本は、点字だけでなく、絵やかたちなども、でっぱりであらわされています。

　目をつぶって、絵やかたちなどに、ふれてみてください。はじめは、でっぱりを指先でたどっていっても、全体がつかめないので、なにをあらわしているのかを読みとることは、むずかしいでしょう。

　ということは、指先に1字ぶんの点字がおさまるようにつくられたブライユ式の点字が、いかにすぐれたものであるか、よくわかりますね。

くらしに役だつ点字

ここまで学んできた点字は、実際にはどのようにつかわれているのでしょう。学びの場での点字や、点字の機器などを見ていきましょう。

点字で学ぶ

目の見えない子どもが学習につかうものには、点字教科書や触地図のほか、工夫された道具がいろいろあります。

点字教科書

通常の教科書とおなじ内容が、点字で書いてある教科書です。目が見えなくても、点字を読めば意味がわかるように、内容や表現が一部修正されていたり、写真のかわりに説明文がついていたりします。

通常の教科書（左）と点字教科書（右）。
写真提供：筑波大学附属視覚特別支援学校小学部

点字教科書は、見た目も厚さもちがうけど、通常の教科書とおなじ内容を学んでいるのよ。

拡大教科書

目が見えにくい子どもは、点字教科書ではなく、拡大教科書をつかって学習します。

写真提供：筑波大学附属視覚特別支援学校小学部

通常の教科書（左）と拡大教科書（右）。文字や時計が大きく、時刻のうつりかわりも、より見やすく配置されている。

🟧 触地図

点字や凸線（もりあがった線）などをつかって、どんな内容の地図なのかがわかるようにつくられています。

さわって理解する触地図。
写真提供：視覚障害者支援総合センター

🟧 そろばん

そろばんには、位取りのための凸点（もりあがった点）がついています。計算をするとき、手でさわってたまの位置を確認するので、たまはかんたんには動かないしくみになっています。

写真提供：筑波大学附属視覚特別支援学校小学部

凸点

点字では、筆算がとてもやりにくいの。だから、大きい数のたし算、ひき算や、かけ算、割算は、そろばんで計算します。

🟧 ものさし・作図セット

ものさしや作図セット（三角定規、分度器、簡易コンパス）には、目盛りをさわって確認できるように、凸点や凸線がついています。

写真提供：日本点字図書館

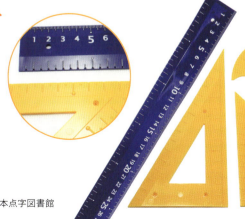

点字を書く（打つ）用具

点字をつかう人は、読むだけでなく、書くことも欠かせません。点字を書く用具は、どんどん進歩しています。

🟨 点字盤

点字を読み書きする人が、ノートがわりにつかうもので、持ちはこびができます。

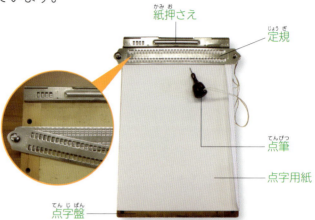

つかい方
❶ 点字盤に点字用紙をセットし、紙押さえで固定する。
❷ 定規のつながっている部分をひろげ、2枚の定規のあいだに用紙をはさんで固定する。
❸ 定規にあけられているマスの右側から、1点ずつ点筆で打っていく。①〜⑥の点は、読むときと左右反対になるように打つ。
❹ 行を変えるときは、定規を下にずらす。

標準的な点字盤。書くときは、読むときとは反対に、右から左へと打っていく。

写真提供：横浜市立盲特別支援学校

点筆で点を打つと、紙の裏がでっぱるの。だから、読むときは、裏返して、さわって読んでいくんだ。

えっ、じゃあ、読む点字と書く点字は、完全に裏返しってこと？たいへんそう！

読むとき	書くとき
てん →	← んて

小型点字器

点字器と点筆が小さく、専用のケースに収納できるので、持ちはこびに便利です。メモ帳がわりにつかえます。

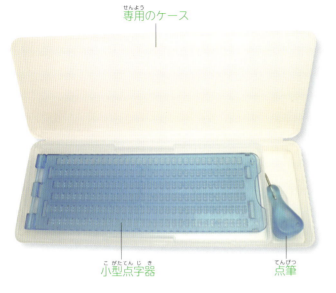

専用のケース
小型点字器
点筆

点字器に点字用紙をはさみ、点筆のとがったところで、右から左へと1点ずつ打っていく。打った部分はへこんでいる。

写真提供：日本点字図書館

点字タイプライター

点字を1マスずつ、読むときとおなじ向きで打つことができるので、点字盤よりはやく書けます。盲学校でよくつかわれています。

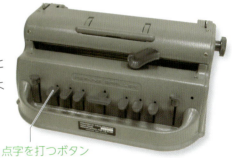

点字を打つボタン

写真提供：日本点字図書館

写真提供：筑波大学附属視覚特別支援学校小学部

点字を打つと、打ちだされた紙が背面から出てくる。

背面からは読む向きで点字が出てくるので、打った文章をすぐ確認できます。

点字ディスプレイ

　点字キーボードで点字を入力すると、点字表示部分のピンが持ちあがり、点字が示されるというしくみのディスプレイです。いろいろなものが開発されています。

点字キーボード
点字の6つの点を、この6このキーボードで打ちこむ。

点字表示部分
ピンが上下して、ここに点字が表示される。

　左は、点字を16マスぶん表示できる点字ディスプレイ。小型で、持ちはこびにも便利です。操作のしかたは、音声ガイドがおしえてくれます。点字文書の作成・編集、墨字文書の作成・編集のほかに、メモしたいことを声に出し、録音することなどもできます。

写真提供：ケージーエス株式会社

　右は、点字を32マスぶん表示できる点字ディスプレイ。音声にもできます。内蔵された無線LANなどで、どこでもインターネットに接続でき、電子メールの送受信もできます。

液晶ディスプレイ
墨字で示されるので、目の見える人が手伝いやすい。

点字キーボード
点字を打つキーボード。

点字表示部分
点字は、ここに表示される。

写真提供：有限会社エクストラ

点字プリンター

コンピュータに入力した点字のデータを、点字用紙に点字で打ちだすプリンターです。右の点字プリンターには、「印刷準備ができました」「用紙がありません」など、プリンターの状態を伝える音声ガイドもついています。

右のプリンターは、墨字つきでも印刷できるため、点字の知識がない人も、印刷された内容を読むことができます。

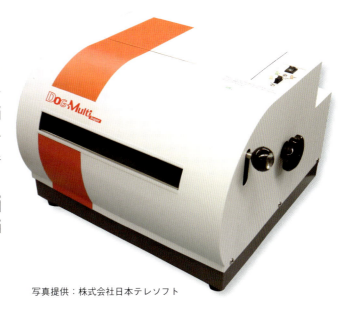

写真提供：株式会社日本テレソフト

立体コピー機

地図やイラスト、図形、手がきの図などを専用の紙にコピーし、機械に通すと、立体的な図（立体コピー）をつくることができるというものです。

専用の紙には、熱に反応するとふくらむ、とても小さなカプセルが加工されています。この紙にコピーしたものに、熱をくわえると、黒い部分がふくらむというしくみになっています。

写真提供：ケージーエス株式会社

さわってわかる地図やイラストが、かんたんにできるんだ！ぼくも、なにかかいてためしてみたいな。

点字で楽しむいろいろな本

点字は、勉強にだけつかうものではありません。点字で読書を楽しんだり、新しい知識を得たりすることもできます。

28〜29ページの絵本は、「ユニバーサル絵本」ともいって、目が見える、見えないにかかわらず、だれもが楽しめるようにつくられているんですよ。

さわって楽しめる絵本や本

一見ふつうの絵本のようですが、点字やもりあがっている絵がついていて、目で見ても、さわっても楽しめる絵本です。学習に役だつ知識の本などもつくられています。

『てんじつき さわるえほん　ぐりとぐら』（作：なかがわりえこ／絵：おおむらゆりこ／福音館書店）

見て楽しむことのできる絵と文字の上に、さわって楽しむことのできる絵と点字が、透明な樹脂インクでもりあげて印刷されている。

『さわってたのしむ 点字つきえほん　かず』
『さわってたのしむ 点字つきえほん　かたち』

（文：フラー・スター／デザイン：ジェンマ・ウェスティング／ポプラ社）

穴があいていたり、ふわふわしていたりと、さわった感じが楽しめる工夫が、あちこちにほどこされている。色もきれいで、だれもが楽しめる絵本。

『てんじつき さわるえほん さわるめいろ』
（作：村山純子／小学館）

もりあがった点線をさわってたどり、迷路を楽しむ絵本。どこがスタートで、どこがゴールか、わかりやすい工夫がしてある。

『さわって ごらん　いま なんじ？』
（作・絵：なかつかゆみこ／岩崎書店）

時計の絵の文字盤と針がもりあがっている。見て、さわって、12時、3時、6時、9時の基本的な時刻を覚えることができる。

『いろんなかたちをさわってみよう　幾何学立体教材』（監修：高村明良／日本点字図書館）

小学校の算数で学ぶ立方体や三角すいなど13種の図形が、ページをひらくと立体的に立ちあがる。平面の図では実際のかたちがわかりにくい立体図形を、さわって、楽しく覚えることができる。

『ふれる世界の名画集』（監修：大内進・半田こづえ／立体絵画制作：柳澤飛鳥／解説テキスト：真下弥生／日本点字図書館）

ダ・ビンチの『モナ・リザ』、ミレーの『落ち穂拾い』など、西洋の代表的な絵画12作品が、浮きぼりのように半立体化されている。さわって、どんなかたちの芸術作品かを知ることができる。音声版もあり、解説をきくことができる。

点字図書

墨字の本の文章を点訳（点字に訳すこと）し、点字で書いてある本です。点字の本のほとんどは、ボランティアによって点訳されたものです。

> 38〜39ページで紹介している点字図書館では、点字図書や録音図書の貸し出し・返却を、郵送でおこなっています。

点字図書の例。左下の本1冊が、後ろの6冊におさめられている（右下は録音図書）。

写真提供：日本点字図書館

『ハリー・ポッターと賢者の石』
（作：J.K. ローリング／絵：ダン・シュレシンジャー／訳：松岡佑子／静山社）

録音図書

ボランティアが墨字の本を朗読し、その音声を録音したもので、きいて楽しみます。

昔はカセットテープに録音しましたが、今はCDがつかわれています。障がい者のための特別な規格でつくられた、デイジー図書とよばれるものが中心です。

デイジー図書は、CD1枚に最大で60時間もの録音ができ、読みたいところにジャンプする便利な機能もあります。視覚障がい者のためのインターネット点字図書館からダウンロードしてきくこともできます。

『100万回生きたねこ』
（作・絵：佐野洋子／講談社）

デイジー図書（右）と、再生機（左）。もくじから、読みたいページに飛ぶことができる。

写真提供：横浜市立盲特別支援学校

目の見えにくい人の読書のために

目は見えるけれども、はっきり見るのがむずかしい人もいます。そういう人が、読書を楽しむための工夫もいろいろされています。

拡大図書

ふつうの図書の文字や図を拡大し、見やすくした本が、出版されています。

拡大図書（左）と、ふつうの大きさの文字の本（右）。

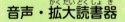
(作：L・M・モンゴメリ／訳：村岡花子／講談社青い鳥文庫)

音声・拡大読書器

本や新聞、預金通帳、手書きのもの、白い紙に打たれた点字などを、読みあげてくれます。ケーブルでパソコン用画面につなぐと、画面に文字を大きく表示することもできます。

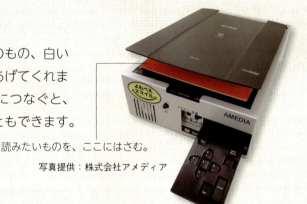

読みたいものを、ここにはさむ。

写真提供：株式会社アメディア

電子書籍リーダー

インターネットから本をダウンロードする電子書籍は、専用の電子書籍リーダーをつかうと、文字を大きくしたり、画面の明るさを変えたりできます。

スマートフォンやタブレットでも、電子書籍リーダーアプリをつかえば、電子書籍を楽しむことができます。読みあげ機能がついているものもあります。

写真提供：アマゾンジャパン合同会社

点字図書ができるまで

30ページで紹介した点字図書のほとんどは、ボランティアによって点訳（点字に訳すこと）されています。点字図書は、どんな手順でできていくのかを、日本点字図書館の場合を例に、見ていきましょう。

① 本を選び、ボランティアに点訳を依頼する。

毎月60冊ほどの候補の中から、どの本を点字図書にするか、決定する。候補には、利用者からのリクエストもはいっている。決定した本（原本）をボランティアにわたし、点訳をお願いする。

② パソコンで点訳する。

ボランティアは、自宅の、点訳ソフトをいれたパソコンで点訳する。点字の①〜⑥の点を、パソコンのキーボードの6つのキー（例 FDSJKLのキー）にわりあて、打ちたい点字のキーを同時に押すと、入力できるしくみになっている。

③ 読み方を調べながら入力していく。

すべてかなで入力するので、漢字は読み方を国語辞典や事典などで調べる。辞典などにないものは、インターネットで調べたり、問い合わせたりする。

④ チェックする。

入力後、まちがいがないか、チェックする。入力ソフトにある音声読みあげ機能をつかって、確認をすることもある。

⑤ 読み合わせ校正をする。

ボランティアから送られてきた点訳データを、点字プリンターで紙に打ちだす。原本を読む人、点字を読む人の2人1組で、校正をする。まちがいを見つけたときは、校正表に書きだしておく。

⑥ データを修正後、再度校正する。

校正表にしたがって、点訳データを修正する（写真左）。修正した点訳データを、⑤のときとは別の人が、まちがいがないか、校正していく（写真右）。

⑦ プリントし、切りはなす。

完成した点訳データを、点字プリンターで打ちだす。ページがつながった状態で出てくるので、専用のカッターで1枚ずつ切りはなす。

⑧ 製本し、背文字をはる。

ページをそろえ、バインダーにはさみ、製本する（写真左）。バインダーの背に、書名、著者名などを、墨字と点字で記したラベルをはって、できあがり（写真右）。

写真提供：日本点字図書館

ボランティアには、このほかにも、本や雑誌などを朗読して、録音図書をつくったり、利用者が持ってきた本などを、すぐ目の前で読みあげたりするボランティアなどもいて、見えない人、見えにくい人たちの読書や生活を支えています。

身のまわりにある点字

わたしたちの身のまわりにも、点字がついているものがたくさんあります。その例を見ていきましょう。

> おなじような容器の中身が、外からさわるだけでわかると、たすかる！

家の中の点字

だれもがつかうものに点字がついていると、目が見える人も、見えない人も、おなじようにつかえます。

🏷️ ケチャップ

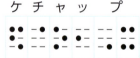

マヨネーズとケチャップの見分けがつくように、「ケチャップ」と書かれている。

🏷️ ソース

ふたに、「ソース」の点字と、まわす方向を浮きあがらせた矢印がついている。

🏷️ ジャム

写真提供：アヲハタ株式会社

「ジャム」と、表示してある。

🏷️ アルコール缶飲料

ジュース類とまちがって飲まないように、ふたの部分に「おさけ」と表示してある。

写真提供：サントリー

🔶 IHジャー炊飯器

文字が大きく、主要な文字には点字の表示がある。音声ナビもついているので、操作がしやすい。

写真提供：三菱電機株式会社

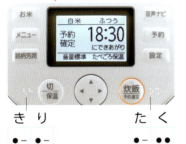

🔶 温水洗浄便座

写真提供：パナソニック

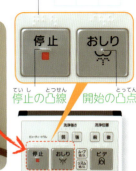

停止の凸線　開始の凸点

点字、凸線や凸点（もりあがった線や点）がついている。スイッチの操作もしやすい。

🔶 シャンプー

写真提供：花王株式会社

シャンプー（左）の容器に凸状のきざみをつけ、さわるとリンスやコンディショナーと区別がつくようにしてある。

「ほけんしょー　とーざいちゅー」と書いてある。

資料協力：静岡県後期高齢者医療広域連合

市役所などから届く郵便物に、点字がついているものもあるわよ。

うちにもあるかもしれない。さがしてみよう。

このほかにも、ラップ類、冷蔵庫、電子レンジ、ボディソープなど、点字や凸点、凸線、浮きだし文字がついているものは、たくさんあります。

まちの中の点字

　まちの中にも、目の見えない人、目の見えにくい人が行動しやすいように、点字がついているものが、あちこちにあります。

🟧 信号機

　歩行者用の信号が青になると、メロディーや、「ピヨピヨ」などの音がながれる信号機が全国に設置されている。

　右の信号機は「タッチ　スイッチ」の点字表記があるパネルにふれると、「つぎの青信号まで、しばらくお待ちください」「信号が青になりました」「信号が赤になります」などの音声案内がながれる。

「タッチ　スイッチ」と点字表記されている。

写真提供：コイト電工株式会社

🟧 郵便ポスト

　手紙の種類などが、墨字と点字で表示されている。

🟧 駅構内の案内板

　墨字と点字で書かれた案内板。案内板に角度がついていると、さわりやすく、目の見える人も見えにくい人も、文字が読みやすい。音声で「ここに点字案内板がございます」と知らせてくれるので、案内板がどこにあるかもわかる。

🟧 運賃表

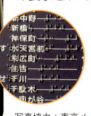

運賃が墨字と点字で表示されている。

写真協力：東京メトロ　　　　　　写真提供：株式会社サン工芸

🟧 駅の階段の手すり

　のぼりはじめ、おりはじめの位置に、行き先を示す矢印があり、行き先を墨字と点字で表示している。

写真協力：東京メトロ

🟧 ATM

　タッチパネルの両わきに、点字がついたスイッチがあり、これで操作できる。取扱金額などは、点字金額表示器に表示されるので、さわって確認できる。

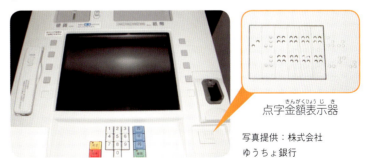

点字金額表示器

写真提供：株式会社
ゆうちょ銀行

　このほかにも、自動販売機、自動券売機、ホームドア、電車の車内のドア、駅やデパートなどのエレベーター、公衆トイレなど、点字のついている機器や場所は、まだまだあります。外出したときに、さがしてみましょう。

37

点字図書館

点字図書館は、身体障害者福祉法という法律にもとづいてつくられた施設で、目の見えない人、見えにくい人に、点字図書や録音図書などの貸し出しや、情報を提供しています。

点字図書館って、どんなところ？

点字図書館は、全国に73館あり（厚生労働省「平成27年 社会福祉施設等調査の概況」より）、都道府県には、1か所はかならずあります。

点字図書館とは、どんなところでしょうか。社会福祉法人日本点字図書館の場合を例に、見ていきましょう。

日本点字図書館は、東京都新宿区高田馬場にあり、日本でいちばん大きな点字図書館です。

日本点字図書館のおもなサービス

・点字図書・録音図書の作成（30ページ、32ページ参照）

・点字図書・録音図書の貸し出し

・レファレンスサービス
利用者の読みたい図書や資料をさがす、視覚に障がいのある人のための施設や団体などを紹介するといった、情報提供サービスをおこなっている。

・点字図書・録音図書の作成に協力してくれるボランティアの養成

・プライベートサービス
日本点字図書館にも、ほかの点字図書館にもない本は、要望に応じて無料で、点訳や朗読をおこなう。医学・コンピュータ・音楽・語学・法律などの専門書や資料を、読みあげるサービスもある。

・中途視覚障がい者のための点字教室
病気や事故により、途中から目に障がいをおった人のための点字教室をひらいている。

・視覚障がい者のためのIT教室
目が見えない人、見えにくい人が、画面を音声で読みあげるソフトをつかって、パソコンや、モバイル端末をつかえるように、1対1でわかりやすく学べる教室をひらいている。

日本点字図書館の外観

写真提供：日本点字図書館

- 「サピエ図書館」のシステム管理
 サピエ図書館とは、点字図書・録音図書のデータなどを提供する、視覚障がい者のためのインターネット上の電子図書館のこと。会員は、点字図書や録音図書を、パソコンなどで楽しむことができる。日本点字図書館は、このシステム管理をおこなっている。

- 視覚障がい者用の用具の販売
 点字器、白杖をはじめ、調理器具・裁縫道具・拡大読書器など、日常生活に役だつ便利な商品を1000点以上取り扱っている。

- 点字図書の販売
 古典的名著から最新の話題作まで、約1000の作品の点字図書を販売している。

予約すると、見学もできる

 日本点字図書館のような大きな点字図書館では、予約すると、ふだんは直接はいることができない図書製作のための録音スタジオや点字製作室、点字・録音図書の書庫などを見学することができます。

 インターネットで下記の日本点字図書館のホームページにアクセスすると、「点字図書ができるまで」「録音図書ができるまで」「図書の貸し出し」などについて、バーチャル見学もできます。
http://www.nittento.or.jp/about/virtual/index.html

日本点字図書館の見学案内

【見学できる曜日】：開館日の水曜日・金曜日

【見学開始時刻】：
1回目 午前10時～　2回目 午後1時30分～
（所要時間約1時間～1時間30分程度）

【見学の予約先】：
社会福祉法人 日本点字図書館　総務部総務課
〒169-8586 東京都新宿区高田馬場1-23-4
電話：03-3209-0241（代表）
Eメール：nitten@nittento.or.jp

社会福祉法人日本ライトハウス情報文化センター

 日本ライトハウス情報文化センターは、大阪市西区にある、大きな点字図書館です。
 「情報文化センター」「視覚障害リハビリテーションセンター」「盲導犬訓練所」からなる総合福祉施設、社会福祉法人日本ライトハウスの組織のひとつです。予約すると、見学することができます。

【見学できる曜日】：毎月第2土曜日（原則）

【見学開始時刻】：午後1時30分～（約2時間）

【見学の予約先】：
社会福祉法人日本ライトハウス情報文化センター
総務係
電話：06-6441-0015（代表）
Eメール：info@iccb.jp

 団体見学として申し込むと、日程や見学内容について相談にのってもらえます。団体見学の場合は、協力金5000円をおさめます。この協力金は、センターの事業費にあてられます。

さくいん

あ
- IHジャー炊飯器‥‥‥‥‥35
- アウイ、バランタン‥‥‥18
- アルコール缶飲料‥‥‥‥34
- アルファベット‥‥‥‥‥12
- 暗号用点字‥‥‥‥‥‥‥19
- 案内板‥‥‥‥‥‥‥‥‥37
- 石川倉次‥‥‥‥‥‥20、21
- 浮きだし文字‥‥‥‥‥‥18
- 運賃表‥‥‥‥‥‥‥‥‥37
- ATM‥‥‥‥‥‥‥‥‥37
- 大文字符‥‥‥‥‥‥‥‥12
- 温水洗浄便座‥‥‥‥‥‥35
- 音声・拡大読書器‥‥‥‥31

か
- 外字符‥‥‥‥‥‥‥‥‥12
- 拡大教科書‥‥‥‥‥‥‥22
- 拡大図書‥‥‥‥‥‥‥‥31
- 紙押さえ‥‥‥‥‥‥‥‥24
- 感嘆符‥‥‥‥‥‥‥‥‥13
- 疑問符‥‥‥‥‥‥‥‥‥13
- 句点‥‥‥‥‥‥‥‥‥‥13
- 句読点‥‥‥‥‥‥‥‥‥13
- ケチャップ‥‥‥‥‥‥‥34
- 小型点字器‥‥‥‥‥‥‥25
- 小西信八‥‥‥‥‥‥20、21
- 小林新吉‥‥‥‥‥‥‥‥20

さ
- 作図セット‥‥‥‥‥‥‥23
- 子音‥‥‥‥‥‥‥‥‥6、7
- ジャム‥‥‥‥‥‥‥‥‥34
- シャンプー‥‥‥‥‥‥‥35
- 定規‥‥‥‥‥‥‥‥‥‥24
- 触地図‥‥‥‥‥‥‥‥‥23
- 信号機‥‥‥‥‥‥‥‥‥36
- 数字‥‥‥‥‥‥‥‥‥‥11
- 数符‥‥‥‥‥‥‥‥‥‥11
- 墨字‥‥‥‥4、15、30、36、37
- ソース‥‥‥‥‥‥‥‥‥34
- 促音符‥‥‥‥‥‥‥‥‥10
- そろばん‥‥‥‥‥‥‥‥23

た
- 濁音‥‥‥‥‥‥‥‥‥‥9
- 長音符‥‥‥‥‥‥‥‥‥10
- つなぎ符‥‥‥‥‥‥11、13
- デイジー図書‥‥‥‥‥‥30
- 手島精一‥‥‥‥‥‥‥‥20
- 手すり‥‥‥‥‥‥‥‥‥37
- 点字器‥‥‥‥‥‥‥‥‥25
- 点字教科書‥‥‥‥‥‥‥22
- 電子書籍リーダー‥‥‥‥31
- 点字タイプライター‥‥‥25
- 点字ディスプレイ‥‥‥‥26
- 点字図書‥‥‥‥‥‥30、32
- 点字図書館‥‥‥‥30、38、39
- 点字盤‥‥‥‥‥‥‥‥‥24
- 点字プリンター‥‥‥‥‥27
- 点筆‥‥‥‥‥‥‥‥24、25
- 点訳‥‥‥‥‥‥‥‥30、32
- 読点‥‥‥‥‥‥‥‥‥‥13
- 凸線‥‥‥‥‥‥‥‥23、35
- 凸点‥‥‥‥‥‥‥4、23、35
- 凸文字‥‥‥‥‥‥‥18-20

な・は
- 中点‥‥‥‥‥‥‥‥‥‥13
- 二重大文字符‥‥‥‥‥‥12
- 日本点字図書館‥‥‥‥38、39
- 日本ライトハウス情報文化
  - センター‥‥‥‥‥‥‥39
- 日本点字‥‥‥‥‥‥20、21
- 発音‥‥‥‥‥‥‥‥‥‥14
- 撥音‥‥‥‥‥‥‥‥‥‥8
- バルビエ、シャルル‥‥‥19
- 半濁音‥‥‥‥‥‥‥‥‥9
- ブライユ、ルイ‥‥‥18-21
- ブライユ式の点字‥‥‥‥21
- 母音‥‥‥‥‥‥‥‥‥6、7
- ボランティア‥‥30、32、33

ま・や
- マス‥‥‥‥‥‥‥‥‥4-6
- マスあけ‥‥‥‥‥‥‥‥15
- 盲学校‥‥‥‥‥‥‥18-20
- ものさし‥‥‥‥‥‥‥‥23
- 郵便ポスト‥‥‥‥‥‥‥36
- ユニバーサル絵本‥‥‥‥28
- 拗音‥‥‥‥‥‥‥‥9、21
- 拗濁音‥‥‥‥‥‥‥‥‥9
- 拗半濁音‥‥‥‥‥‥‥‥9

ら・わ
- 立体コピー機‥‥‥‥‥‥27
- ローマ字‥‥‥‥‥‥‥6、9
- 録音図書‥‥‥‥‥‥30、33
- わかち書き‥‥‥‥‥‥‥15